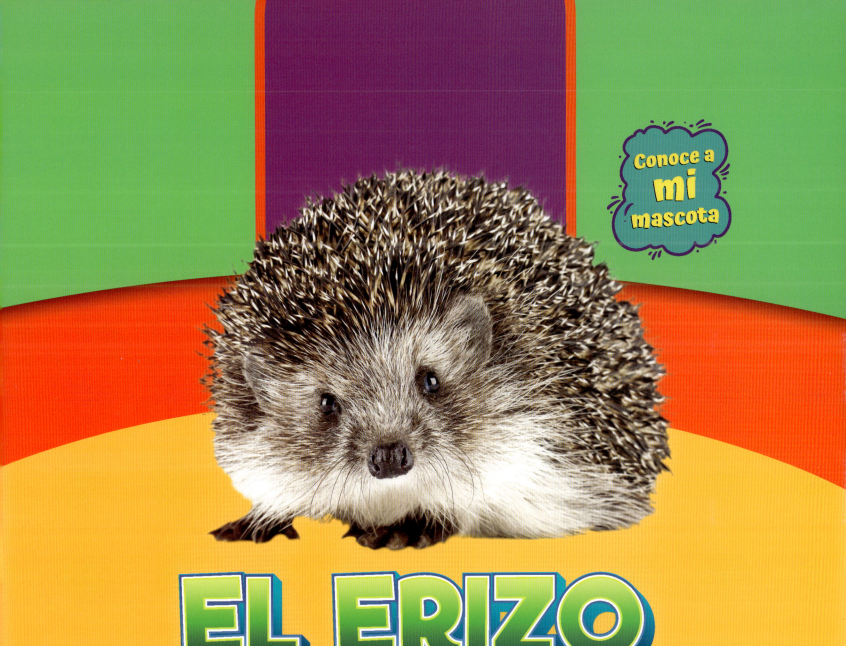

Conoce a mi mascota

EL ERIZO

Jared Siemens

Paso 1
Ingresa a www.openlightbox.com

Paso 2
Ingresa este código único

AVU68242

Paso 3
¡Explora tu eBook interactivo!

AV2 es compatible para su uso en cualquier dispositivo.

Tu eBook interactivo trae...

Leer

Audio
Escucha todo el lobro leído en voz alta

Videos
Mira videoclips informativos

Enlaces web
Obtén más información para investigar

¡Prueba esto!
Realiza actividades y experimentos prácticos

Palabras clave
Estudia el vocabulario y realiza una actividad para combinar las palabras

Cuestionarios
Pon a prueba tus conocimientos

Presentación de imágenes
Mira las imágenes y los subtítulos

Comparte
Comparte títulos dentro de tu Sistema de Gestión de Aprendizaje (LMS) o Sistema de Circulación de Bibliotecas

Citas
Crea referencias bibliográficas siguiendo los estilos de APA, CMOS y MLA

Este título está incluido en nuestra suscripción digital de Lightbox

Suscripción en español de K–5 por 1 año
ISBN 978-1-5105-5935-6

Accede a cientos de títulos de AV2 con nuestra suscripción digital.
Regístrate para una prueba GRATUITA en **www.openlightbox.com/trial**

Se garantiza que los componentes digitales de este libro estarán activos por 5 años.

Conoce a mi mascota

EL ERIZO

CONTENIDOS

4 Adoptando un erizo
6 El cuerpo de los erizos
8 Púas puntiagudas
10 El hogar de los erizos
12 El ejercicio
14 La comida
16 Manteniéndose limpio
18 A dormir
20 Mi erizo mascota
22 Datos sobre los erizos

Quiero tener un erizo de mascota.

Debo aprender a cuidarlo.

Hay muchos tipos de erizos diferentes.

La mayoría son de color marrón, negro ay blanco.

LAS PARTES DEL CUERPO

Púas

Orejas

Hocico

Naríz

Pata delantera

Pata trasera

Panza

7

Mi erizo está cubierto de púas puntiagudas.

Cuando se asusta, se enrolla como una bolita.

¿Están asustados?

Los **erizos** se hacen una **BOLITA**.

Las **tortugas** se esconden adentro del **CAPARAZÓN**.

Los **hámsteres** salen **CORRIENDO**.

Los **conejillos de Indias** se quedan **INMÓVILES**.

Mi erizo vivirá en una jaula.

Ayudaré a limpiar su jaula una vez por semana.

Mi erizo tendrá una rueda en su jaula para hacer ejercicio.

Lo dejaré salir de la jaula para jugar todos los días.

Mi erizo necesitará comer alimento especial para erizos.

Le daré de comer una vez por día.

Mi erizo necesitará bañarse para estar limpio.

Lo bañaré cuando esté sucio.

Mi erizo dormirá todo el día.

Lo tendré en un lugar tranquilo para que pueda descansar.

Creciendo

Erizo recién nacido
Unas pocas horas de vida.
Sus púas están ocultas bajo su piel.
Toma leche de su mamá.

Erizo bebé
Aproximadamente 5 semanas de vida.
Come alimento sólido.
Se le caen las púas de leche.

Erizo joven
Aproximadamente 12 semanas de vida.
Es juguetón.
Hace pozos y corre.

Erizo adulto
Aproximadamente 2 años de vida.
Es activo por la noche.
Come golosinas.

Estoy listo para llevar a mi erizo a casa.

Lo cuidaré mucho.

¡PIÉNSALO!

¿Qué otras cosas puedes hacer para que tu erizo esté contento y sano?

DATOS SOBRE LOS ERIZOS

Estas páginas ofrecen información detallada sobre los interesantes datos de este libro. Están dirigidas a los adultos, como soporte, para que ayuden a los jóvenes lectores a redondear sus conocimientos sobre cada sorprendente animal presentado en la serie *Conoce a mi mascota*.

Páginas 4–5

Quiero tener un erizo de mascota. Los erizos son insectívoros que buscan con su hocico insectos y gusanos en los matorrales y debajo de la tierra. Cuando buscan comida, hacen sonidos parecidos a los del cerdo. Se pueden encontrar erizos silvestres por toda África, Europa y Asia. Se los consideran mascotas exóticas que todavía están prohibidas en algunas ciudades y estados. Donde es legal tener erizos como mascota, su popularidad ha crecido más de un 50 por ciento en los últimos años.

Páginas 6–7

Hay muchos tipos de erizos diferentes. Existen cerca de 15 especies de erizos. Casi todos los erizos mascota de los Estados Unidos son erizos pigmeos africanos. Los erizos adultos pesan entre 6 y 32 onzas (170 y 907 gramos) y miden entre 6 y 9 pulgadas (15 y 23 centímetros) de largo. Las púas y el pelo de los erizos pueden ser de varios colores diferentes, como marrón, negro, crema y gris. Los erizos albinos tienen ojos rojos, con pelo y púas completamente blancos.

Páginas 8–9

Mi erizo está cubierto de púas puntiagudas. El erizo está cubierto de púas, o espinas rígidas en todo el cuerpo menos en la cara, las patas y la parte inferior del cuerpo. El erizo promedio tiene entre 5 000 y 7 000 púas, que representan el 35 por ciento de su peso corporal. Tienen dos músculos en el lomo que suben y bajan las púas. Cuando el erizo está asustado, puede enrollarse como una bola con las púas hacia afuera para protegerse. Muchos erizos también se enrollan para dormir.

Páginas 10–11

Mi erizo vivirá en una jaula. Los erizos pueden ser muy activos. Necesitan una jaula grande para poder moverse. El tamaño mínimo recomendado de la jaula es de 4 pies cuadrados (0,4 metros cuadrados). Las jaulas de alambre con una bandeja honda en la parte inferior tienen la ventilación correcta y son fáciles de limpiar. Si se le coloca una tela o material suave, como lana, para que escarbe, el erizo estará muy cómodo. A los erizos también les gustan los lugares cerrados pequeños que simulen ser una madriguera.

Páginas 12–13

Mi erizo tendrá una rueda en su jaula para hacer ejercicio. En estado silvestre, los erizos pueden caminar hasta 7 millas (11 kilómetros) en una sola noche. Es importante que el erizo tenga algo para hacer ejercicio, como una rueda. La mejor rueda para erizos es la que tiene la parte inferior sólida. El erizo mascota realiza la mayor parte de su actividad por la noche. Por eso, lo mejor es tenerlo en un lugar donde pueda estar activo sin despertar al resto de la casa.

Páginas 14–15

Mi erizo necesitará comer alimento especial para erizos. Los erizos necesitan una dieta rica en proteínas y baja en grasas. En su jaula, debe tener siempre dos platos de comida, uno para la comida seca y otro para la húmeda. El alimento para gatos a base de carne o pollo es la mejor opción de alimento para el erizo. También debe tener un bebedero con agua para estar bien hidratado. A los erizos les encanta comer una golosina de vez en cuando. Los gusanos de la harina o grillos de granja son una buena opción de golosina para su mascota.

Páginas 16–17

Mi erizo necesitará bañarse para estar limpio. Los erizos no se acicalan como lo hacen otros animales, sino que se esparcen su propia saliva, un hábito llamado "untamiento". Algunos expertos creen que el erizo hace esto porque le gusta el olor de algo que comieron o porque tratan de tapar su olor natural. La mayoría de los erizos solo necesitan un baño por mes. A pesar de que los erizos son nadadores naturales, es importante no dejar al erizo solo en la bañera o el lavabo.

Páginas 18–19

Mi erizo dormirá todo el día. Los erizos son nocturnos, es decir, están despiertos por la noche y duermen durante el día. Si bien algunos se adaptan a la actividad diurna, muchos pasan todo el día durmiendo. Los erizos bebés duermen bastante, especialmente después de mudarse a una casa nueva. Algunos erizos tienen una conducta crepuscular, es decir que son más activos al amanecer y al atardecer.

Páginas 20–21

Estoy listo para llevar a mi erizo a casa. Los erizos son animales solitarios que se asustan fácilmente. Le llevará tiempo al erizo adaptarse a su nuevo hogar. Una vez que esté cómodo, ya pueden empezar a tocarlo. Se lo puede levantar poniendo las manos en forma de cuchara. A diferencia de otras mascotas, los erizos no necesitan vacunarse regularmente, pero es importante hacerles a un control veterinario antes de llevarlos a casa.

Published by Lightbox Learning Inc.
276 5th Avenue, Suite 704 #917
New York, NY 10001
Website: www.openlightbox.com

Copyright ©2026 Lightbox Learning Inc.
All rights reserved. No part of this publication may be reproduced, stored in a retrieval system, or transmitted in any form or by any means, electronic, mechanical, photocopying, recording, or otherwise, without the prior written permission of the publisher.

Library of Congress Control Number: 2024947243

ISBN 979-8-8745-1316-0 (hardcover)
ISBN 979-8-8745-1318-4 (static multi-user eBook)
ISBN 979-8-8745-1320-7 (interactive multi-user eBook)

Printed in Guangzhou, China
1 2 3 4 5 6 7 8 9 0 29 28 27 26 25

102024
101724

Art Director: Terry Paulhus
Project Coordinator: Sara Cucini
English/Spanish Translation: Translation Services USA

Every reasonable effort has been made to trace ownership and to obtain permission to reprint copyright material. The publisher would be pleased to have any errors or omissions brought to its attention so that they may be corrected in subsequent printings.

The publisher acknowledges Getty Images, Alamy, and Shutterstock as the primary image suppliers for this title.